KAIZEN ILE IŞINIZIGELIŞTIRIN

Küçük değişiklikler, büyük ödüller

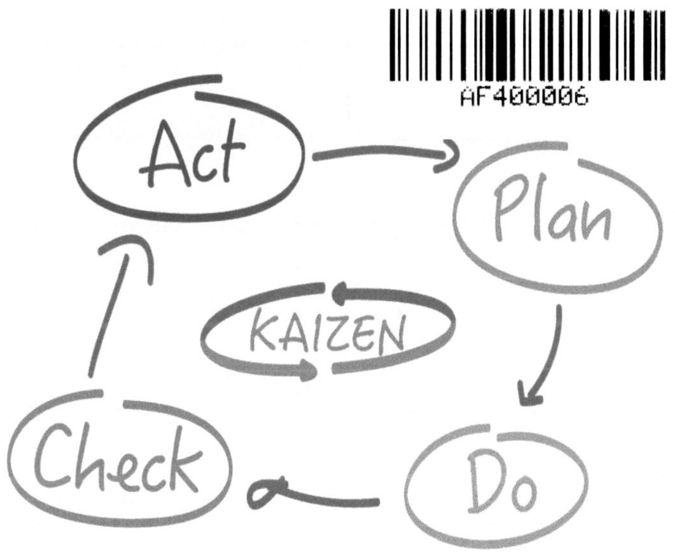

KAIZEN ILE IŞINIZIGELIŞTIRIN

Küçük değişiklikler, büyük ödüller

tarafından yazılmıştır Antoine Delers
tarafından çevrildi Baris Şahin

KAIZEN ILE IŞINIZI GELIŞTIRIN

ANAHTAR BİLGİLER

- **İsimler:** Kaizen, sürekli iyileştirme, aşamalı iyileştirme.

- **Kullanım Alanları:** Bu yaklaşım esas olarak iş dünyasında kullanılır ve çalışma yönteminde küçük değişiklikler yaparak bir üretim hattındaki çıktıların kalitesini artırmayı amaçlar. Küçük ve ucuz iyileştirmelere izin verdiği için günlük hayata da aktarılabilir.

- **Neden başarılıdır?** Bir şirketteki tüm hizmetleri ve tüm çalışanları kapsayabilen Kaizen, kullanıcıların bekleme sürelerini azaltarak ve üretim sürecini optimize ederek üretkenliği ve ürün kalitesini artırmalarına olanak tanıdığı için etkili olduğunu kanıtlamıştır. Daha geniş bir ölçekte, şirketteki çalışma koşullarını iyileştirir.

- **Anahtar kelimeler:**

  - Sürekli iyileştirme: Bu kavram, giderek daha verimli ve şirketin faaliyetlerine daha uygun hale gelen araç ve yöntemlerin kullanılmasıyla mümkün olmaktadır. Bu araçlar ve yöntemler sürekli olarak gözden geçirilir ve optimize edilerek küçük değişikliklere ve yeni en iyi uygulamalara yol açar.

  - Yalın yönetim: Bir şirketteki israfı (*muda*), yetersiz süreçlerden kaynaklanan aşırı iş yükünü (*muri*) ve tutarsızlığı (*mura*) azaltmayı amaçlayan bir Japon iş yönetimi yöntemi.

- <u>Toyota Üretim Sistemi</u>: Kaliteyi en üst düzeye çıkarmayı, kusurları ve israfı azaltmayı ve işletmede sürekli iyileştirmeyi başlatmayı amaçlayan bir Japon genel iş organizasyonu yöntemi. Bu tür bir iş organizasyonu yalın üretim ve Kaizen'i içerir.

GİRİŞ

Kaizen ilk olarak 1950'lerde Japonya'da bir mühendis olan Taiichi Ohno'nun (1912-1990) geliştirilmiş üretkenlik ve ürün kalitesiyle birlikte maliyetlerin azaltılmasına dayanan bir iş organizasyonu türü olan Toyota Üretim Sistemini yaratmasıyla ortaya çıkmıştır. Toyota Üretim Sistemi, önceden belirlenmiş kalite, karlılık ve maliyet azaltma hedeflerine ulaşmak için bir dizi araç içermektedir. Bunlar arasında tam zamanında üretim ve Kaizen yer almaktadır.

MODELİN TANIMI

Kaizen, bir üretim hattına uygulanabilecek sürekli iyileştirmeyi içeren bir yaklaşımdır. Japonca'da 'değişim' anlamına gelen *Kai* ve 'iyi' ya da 'daha iyi' anlamına gelen *Zen* kelimelerinden oluşan Kaizen, nihai çıktıyı iyileştirmek için mevcut araç ve prosedürlerin sürekli olarak uyarlanmasına dayanır. Tüm çalışanların ve yöneticilerin katılımını gerektiren bu yaklaşım, gerçek bir yöntemden çok bir ruh hali olarak kabul edilmektedir. PUKÖ, Toplam Kalite Yönetimi ve Tek Dakikalık

Değişim veya Ölüm gibi birlikte kullanılabilecek diğer birkaç aracı kapsar.

Kaizen Asya'da ortaya çıkmıştır ve büyük yeniliklerden ziyade küçük iyileştirmeleri hedeflemesi açısından Batı sisteminden bir kopuşu işaret etmektedir. Söz konusu değişiklikler küçük ve süreklidir ve bu nedenle önemli bir yatırım gerektirmez. Bu yaklaşım esas olarak Japon şirketlerine özgü bir aidiyet kültürünün olduğu kuruluşlarda uygulanır. Bu tür şirketlerde CEO'dan sıradan işçilere kadar herkes şirketlerine karşı aynı sadakati ve aidiyet duygusunu paylaşır. Sonuç olarak, işlerini mümkün olduğunca iyi yapmaya ve dolayısıyla sürekli olarak geliştirmeye çalışırlar; bu çalışma anlayışı Toyota şirketinin büyük başarısına katkıda bulunmuştur.

TEORI

KÖKENLERİ

İkinci Dünya Savaşı'nın (1939-1945) sonunda Japonya yıkıma uğramış ve ekonomisi harabeye dönmüştü. Daha önce toprak fethine ve ordusunun gücüne dayanan sistemi geçerliliğini yitirmişti. Japonya ekonomisini canlandırmak için üretimi kullanmaya karar verdi.

O dönemde bir mühendis olan Taiichi Ohno, daha sonra işi organize etmek için yeni bir yöntem ortaya koydu ve temel ilkelerini belirledi. Bu yöntem, ilk ortaya atıldığı şirketin adıyla Toyota Üretim Sistemi olarak tanındı. Bu sistem, yenilikten ziyade iyileştirmeyi savunan iki Amerikan iş organizasyonu yöntemi olan Taylorizm ve Fordizm'in bir iyileştirmesi olarak kabul edilmektedir.

Kaizen'in özgünlüğü, çalışanlardan ürünlerin üretimi için gerekli prosedürlere kadar tüm şirketin genel katılımında yatmaktadır. Her üye, şirketi iyileştirmeyi amaçlayan ve önceden tanımlanmış olan unsurların uygulanmasına katılmalıdır. Kaizen genellikle, tekrar eden sorunları belirlemek ve bunlara çözüm bulmak için bir araya gelen küçük işçi gruplarının yetkilendirilmesini içerir. Ayrıca, çalışanların fikirlerini sunmalarına, mevcut çeşitli sorunları vurgulamalarına ve çözüm önermelerine olanak sağlamak için 'öneri kutuları' (örneğin, fabrikaya yerleştirilen bir mektup kutusu) kurulmasını önerir. Eğer bir fikir uygun görülürse, yeni uygulamaları hayata geçirmekten sorumlu bir ekibe emanet edilen bir projenin konusu olacaktır.

Son olarak, çevirisinden de anlaşılacağı üzere Kaizen'in iyi işleyebilmesi için sürekli tekrarlanması gerektiği unutulmamalıdır. Büyük yatırımlar gerektirmez ve yıllar içinde optimize edildiğinde şirketin rekabetçi kalmasına ve sürekli gelişim arayışına girmesine olanak tanıyan yalnızca küçük iyileştirmeler üretir.

👁 KAIZEN ENSTİTÜSÜ

Kaizen Enstitüsü 1980'lerin ortasında kurulmuş bir Kaizen metodolojisi danışmanlık firmasıdır. Performanslarını iyileştirmek isteyen şirketlere yardımcı olur ve rehberlik eder. Bu şekilde, müşterilerini sürekli iyileştirme projelerinde desteklerken, aynı zamanda yöntemin yeni yönleri hakkında kaynaklar geliştirir ve yayınlar.

İŞ DÜNYASINDAKİ UYGULAMALAR

Kaizen çalışma gruplarında uygulandığında gerçek bir ekip projesi haline gelir: öneri kutuları ve haftalık toplantılar devreye sokulur ve yöntem aynı zamanda en iyi fikirleri ortaya atan çalışanlara ödüller verilmesini önerir. Ancak Kaizen'in tek başına bir yöntem olmadığı, işe yaraması için diğer araçlarla birleştirilmesi gerektiği unutulmamalıdır.

Kaizen içinde kullanılır:

- **Kalite yönetimi.** Bu, rakiplerin önüne geçmek ve müşteri sadakati oluşturmak için gerekli olan üretim hattındaki kaliteyi artırmaya odaklanmayı amaçlamaktadır. Kaizen yaklaşımı tarafından kullanılan Toplam Kalite Yönetiminde (TKY), sıfır hata olarak bilinen mükemmele yakın kaliteye ulaşmak için tüm çalışanlar sürece dahil edilir. Orijinal araç zaten etkili olsa bile, çıktıları sürekli olarak iyileştirmeyi amaçlar.

 ## SIFIR HATA YÖNTEMI NEDIR?

Sıfır hata yöntemi, ürünlerde hiçbir hata olmadan toplam kaliteyi savunur. Gerçekte sıfır hataya hiçbir zaman tam olarak ulaşılamaz. Asıl amaç, çalışanların sürekli olarak mükemmele yaklaşmanın bir yolunu aradığı bir kültür geliştirmektir. Bu kavramın kendisi daha geniş bir kavramın parçasıdır: 5 sıfır, yani sıfır zaman, sıfır kağıt, sıfır stok, sıfır hata ve sıfır arıza.

- **Verimliliğin artırılması.** Kaizen verimlilik artışları düzeyinde de uygulanabilir. Bir üretim zincirinde çeşitli yerlerde tıkanıklıklar, verimsiz pozisyonlar veya çok yavaş üretim hatları bulunabilir. Bu gibi durumlarda çeşitli araçlar kullanılabilir. Toyota Üretim Sisteminden türetilen SMED (Single-Minute Exchange of Die) bunlardan biridir: başka bir ürünün üretimi için kalibrasyon ve aletlerin değiştirilmesi için harcanan zamanı azaltmayı amaçlar. Verimliliğin artırılması, bu tür operasyonları analiz etmek ve düzene sokmak için ekiplerde derinlemesine düşünmeyi gerektirdiğinden, bu bir Kaizen yaklaşımıyla sonuçlanır. Tam zamanında üretim (JIT) adı verilen bir başka araç da kullanılabilir. Bu yöntemle, tamamlanmamış her ürün tamamlanmalı ve her parça doğru zamanda ve üretim hattının doğru noktasına ulaşmalıdır. Bu, parçaların bulunmaması durumunda üretimin durmasını önler ve büyük miktarlarda parçanın üretim için bekletilmesini engeller.

- **Çalışma koşullarının iyileştirilmesi.** Kaizen, özellikle profesyonel ortamlarını optimize ederek işçiler ve çalışanlar için çalışma koşullarının iyileştirilmesini sağlar. Önceki uygulamalarla yakından bağlantılıdır, çünkü iş istasyonlarında yapılan değişiklikler genellikle üretkenliği ve kaliteyi etkiler ve iyileştirir. Ayrıca bu yaklaşım şirketlerin ekiplerini daha iyi motive etmelerini ve kaza riskini azaltmalarını sağlar. 5 S yöntemi, doğrudan çalışanların işyerlerine uygulanabildiği için bu endişeyi gidermektedir: *Seiri* ('sırala'), *Seiton* ('düzene koy'), *Seisou* ('parlat'), *Seiketsu* ('standartlaştır') ve *Shitsuke* ('sürdür').

- **Maliyet azaltma.** Kaizen'in son uygulaması üretim maliyetlerinin azaltılmasıyla ilgilidir. Bu, yöntemin yukarıda bahsedilen üç uygulamasından biri sayesinde elde edilen iyileştirmelerin sonucudur.

AVANTAJLAR

Kaizen'in pek çok avantajı vardır. Daha önce bahsedilen ve Kaizen yaklaşımının özünü oluşturan kalite, üretkenlik ve çalışma koşullarındaki iyileştirmelerin yanı sıra, yöntemin başka güçlü yönleri de vardır.

- Kaizen kullanımı, ekipler içinde değişikliklerin sorunsuz bir şekilde uygulanmasını sağlar. Bu değişiklikler için inisiyatif çoğunlukla çalışanların kendilerinden geldiğinden, şirket üyeleri değişikliklerle ilgili aşırı baskı altında kalmazlar. Bu nedenle daha kolay kabul görürler ve kendilerine değer verildiğini hisseden çalışanlar bunları uygulamaya koymak için daha fazla motive olurlar.

- İş istasyonlarında yapılan iyileştirmeler ilgili ekiplerin motivasyonunu artırır. Bu yeni coşku patlaması, yeni bir Kaizen iyileştirme yansıması seansı sayesinde aktarılabilir. Kaizen, süreçleri ve ürünleri mükemmelleştirmeye yönelik yansımaların her gün gerçekleştirilmesini gerektiren 'sürekli' iyileştirmeyi içerir.

- Kaizen hızlı sonuçlar sağlar. Küçük iyileştirmeleri doğrudan test eden ekipler, bunların uygunluğunu daha hızlı bir şekilde doğrular, böylece yeni bir makinenin veya yeni bir yazılımın uygulanmasındaki risk çok düşük olur.

- Son olarak, Kaizen rekabete ve dolayısıyla şirketlerdeki rekabet gücü talebine önemli kaynaklar veya büyük yatırımlar kullanmadan yanıt verebilir.

> *"Gelişmek değişmektir; mükemmel olmak ise sık sık değişmektir."* (Winston Churchill)

PRATIK UYGULAMA

Toplu olarak 'Kaizen projesi' olarak bilinen sürecin çeşitli uygulama aşamaları, Kaizen ile ilgili ve Toyota Üretim Sisteminden (TPS) kaynaklanan araçların kullanılmasıyla mümkün olmaktadır. Bunların çoğundan daha önce bahsedilmiş olsa da, diğerleri aşağıda ana hatları verilen projenin oluşturulmasına katkıda bulunacaktır.

Bir Kaizen projesi, tamamlandıktan sonra sürekli olarak tekrarlanması gereken tek ve çok kısa bir iyileştirme döngüsüdür. Süre, istenen iyileştirmelerin ve uygulamaların karmaşıklığına bağlı olarak birkaç günden bir aya kadar değişebilir. Bu nedenle her proje bir diğerini hızla takip etmelidir ve aynı anda birden fazla projenin gerçekleştirilmesi mümkündür.

AŞAMA 1: ÖN ANALİZ

Bu ilk aşamada, iyileştirilmesi gereken noktaları vurgulamak amacıyla durumun bir ön analizi yapılır. Bunlar elbette yukarıda açıklanan sorunlardan biri olabilir, ancak bunlarla sınırlı değildir; Kaizen, iyi işliyor gibi görünseler bile prosedürleri daha da verimli hale getirmek için optimize etmeye odaklanır. Ekip üyelerinin sıfır hata kalitesine ulaşmasını engelleyen nedenleri belirlemek için aşağıda gösterildiği gibi Ishikawa diyagramını kullanmak uygun olabilir:

ISHIKAWA DIYAGRAMI

Sebep-sonuç diyagramı, 5 Ms veya balık kılçığı diyagramı olarak da adlandırılan Ishikawa diyagramı, İkinci Dünya Savaşı'ndan kısa bir süre sonra Kaoru Ishikawa tarafından tanıtılan bir kalite yönetim aracıdır. Bir sorunun temel nedenlerinin beş dalda görsel bir temsilini sağlar: malzeme, yöntem, Doğa Ana, makine ve insan gücü.

Nedenler ve iyileştirme alanları belirlendikten sonra, değişiklikten sonra elde edilen sonuçlarla karşılaştırmak için mevcut durumun ayrıntılı bir incelemesini (ölçümler, referans rakamlar vb. kullanarak) tamamlamak gerekir. Prosedürlerde yapılan iyileştirmelerin başarılı olup olmadığının kontrol edilmesi, kazanç bazen asgari düzeyde olsa bile, son derece önemlidir. İzlenen hedefe bağlı olarak aşağıdakiler ölçülebilir:

- **Bir prosedürün süresi.** Bu durumda, incelenen bir ürünün üretilmesi veya bir ürün ya da hizmetin (örneğin bir restoranda yemek) sunulması için geçen sure olabilir.

- **Üretilen miktarlar.** Burada odak noktası üretilen ürün sayısıdır. Bu ölçü, iyi tanımlanmış zaman aralıkları üzerinden hesaplanır.

- **Memnuniyet oranları.** Çalışanların işlerinden, müşterilerin siparişlerinden ya da süreçteki diğer paydaşlardan duydukları memnuniyet, Kaizen projesinden önce ve sonra ölçülür.

- **Reddedilenler.** Bu, atık oranı ve ıskartaya çıkarılan ürünlerin sayısıdır (tasarım hataları olan, modası geçmiş veya tasarım aşamasında hasar görmüş ürünler).

- **Maliyet.** Burada bir ürünün maliyet fiyatı analiz edilir.

Son olarak, Kaizen projesinin operasyonel planı uygulanır. Kaizen'in başlangıcı ve bitişi arasındaki kısa zaman aralığı göz önüne alındığında – nispeten hızlı bir şekilde tamamlanması gerektiğinden – bu faaliyet en aza indirilebilir (bir veya daha fazla departmanda veya üretim hattında). Bu, kısa aralıklarla birbirini takip eden ve ara sonuçlara hızlı bir bakış sunan çok kısa döngülerden oluşan çevik geliştirme ve proje yönetimi yöntemleriyle karşılaştırılabilir. Sonuç olarak, Kaizen planının detaylı bir şekilde hazırlanması gibi projenin belirli aşamaları gereksiz ve çok zaman alıcı olarak görülebilir.

2. AŞAMA: ÇALIŞMA EKİPLERİNİN VE KALİTE ÇEMBERLERİNİN SEÇİLMESİ

Kaizen projesinin ikinci aşaması, proje üzerinde çalışacak ekiplerin eğitilmesini ve hazırlanmasını amaçlar. Tüm çalışanların iyileştirmeye en azından bir şekilde dahil olması gerekse de, projenin sorunsuz ilerlemesinden sorumlu bir proje ekibinin atanması esastır.

Kaizen felsefesi, doğrudan üretim hattında ve üründe çalışan personelin projeye katılacağını varsayar, çünkü en ilgili üyeler onlardır ve genellikle işlerinin iç yüzünü en iyi onlar bilir. Bu kişiler iyileştirme için en iyi fikirleri bulabilecek kişiler olduğundan, Kaizen hedeflerine etkili bir şekilde ulaşacaklardır, yani mümkün olduğunca az maliyet yaratmak için süreci mükemmelleştirmenin yollarını hızla bulacaklardır. Bazıları verimliliği artırmak için dışarıdan danışmanlar ve mühendislerden oluşan ekipler kullanmayı tercih edebilir, ancak bu Kaizen zihniyetine hiç uymaz.

Bu nedenle, bir proje ekibi atanır ve personel yönetimi ve değişim yönetimi konusunda eğitilir. Ekip, Kaizen projesini başarılı bir şekilde yürütmek için kalite çemberleri, yani prosedürlerin iyileştirilmesine yönelik fikirleri ortaya koymak ve tartışmak üzere beyin fırtınası için bir araya gelen çalışan grupları organize etmekten sorumlu olacaktır. Bu bağlamda, düşüncelerini ve önerilen çözümleri görsel ve basit bir şekilde sunmak için bir zihin haritası kullanılabilir.

AŞAMA 3: UYGULAMA VE SONUÇLARIN HESAPLANMASI

Üçüncü adım Kaizen projesinin uygulanmasıdır. Ekipler prosedürleri iyileştirmek için gerekli değişiklikleri doğrudan uygular. İlk iki aşama gibi bu aşama da çok hızlıdır, çünkü söz konusu değişiklikler genellikle küçüktür.

Bunu, daha önce (ilk aşamada) toplanan ölçümlerin yeniden değerlendirilmesi takip eder. Değişikliklerin gelişimini ve etkisini ölçmek ve muhtemelen bunları uyarlamak önemlidir. Uygulanan değişikliklerin sonuçlarını başlangıçta planlananlarla kolayca karşılaştırmak için bir değişiklik tablosu oluşturulabilir.

4. AŞAMA: GERİ BİLDİRİM

İyileştirmeler yapıldıktan sonra sıra geri bildirime gelir. Ekip tekrar toplanır ve gözlemlenen sonuçlara dayanarak genel sonucu değerlendirir. İki önemli nokta da dikkate alınmalıdır:

- **En iyi çalışan için ödüller.** En iyi katkıları yapan çalışanları belirtmek ve tebrik etmek önemlidir. Buradaki fikir, hem işlerini iyileştirmek hem de profesyonel düzeyde değerli hissetmek için ekipleri sürekli olarak kendilerini aşmaya teşvik ederek Kaizen döngüsüne geri dönmeleri için motive etmektir.

- **Değişim yönetimi.** Projenin başarısından sorumlu ekip, uygulamayı başarıya ulaştıracak tüm unsurlara sahip olmaları için çalışanlarla iletişim kurmalı ve onlara rehberlik etmelidir.

👁 DEĞIŞIM YÖNETIMI

Değişim yönetimi, bir şirket içindeki değişikliklerin hiyerarşinin tüm seviyelerinde izlenmesine ve en iyi şekilde iletilmesine olanak tanıyan tüm yönetsel uygulamaları kapsar. Bu destek, herkesin yeni değişiklikleri kabul etmesini sağlamak için gereklidir. Kaizen durumunda ekiplerin kendilerinin de iyileştirmelere katıldıkları unutulmamalıdır; bu nedenle değişiklikleri daha kolay kabul edeceklerdir.

KAİZEN'DE TEMEL ARAÇLAR VE YÖNTEMLER

Kaizen yaklaşımıyla birlikte kullanılabilecek pek çok araç ve yöntem vardır. Biz burada kendimizi genel olarak Toyota Üretim Sisteminden gelenlerle sınırlayacağız.

- **SMED** (Single Minute Exchange of Die) kalibrasyon veya takımlardaki değişiklikleri analiz etmek için kullanılan bir araçtır. Kullanıcıların üretimin her aşaması için takım değiştirme süresini incelemelerine ve bunu maksimum 10 dakika ile sınırlandırmalarına olanak tanır ('tek dakika' terimi 'tek bir rakamdan oluşan dakika cinsinden bir süre' anlamına gelir, yani bir ila dokuz dakika arasında). Amaç, aynı makineyi kullanmaya devam ederken, özellikle boyut açısından farklı özelliklere sahip farklı ürünlerin veya malzemelerin üretilmesidir ve bu nedenle yeniden kalibre edilmesi gerekecektir.

- *Seiri* ('sırala'), *Seiton* ('düzene koy'), *Seisou* ('parlat'), *Seiketsu* ('standartlaştır') ve *Shitsuke'den* ('sürdür') oluşan **5 S yöntemi,** kullanıcıların atölyeleri, çalışma alanlarını ve çalışan molalarını daha iyi yönetmelerini sağlar. Amaç, ekiplerin çalışma koşullarını iyileştirmek için profesyonel alanı daha iyi organize etmektir.

- **Kanban, bir** üretim hattındaki bir grup parçaya yapıştırılan ve tüm parçalar kullanıldığında başlangıç noktasına geri dönen bir etiketi tanımlayan Japonca bir terimdir. Bu araç bir 'atış' üretim akışında kullanılır, yani Kanban sayesinde önceden gönderilen tüm parçalar kullanıldıktan sonra üretim ya bekler ya da yeniden başlatılır ('atış').

- Planla, Yap, Kontrol Et ve Harekete Geç anlamına gelen **PDCA,** Kaizen gibi döngüsel bir kalite iyileştirme yöntemidir.

- **TKY (Toplam Kalite Yönetimi),** sıfır hataya ulaşmak için atık ve ıskartaları önleyerek şirketin tüm üyelerini kalite arayışına dahil etmeyi amaçlayan bir kalite yönetimi konseptidir.

- **TPM (Toplam Üretken Bakım),** üretim hattındaki iş aletlerinin yönetimi için proaktif bir yöntemdir ve işçileri kullandıkları makinelerle ilgili kendi sorunlarını öngörmeye ve çözmeye teşvik eder.

- **Tam zamanında (JIT) üretim,** hiçbir parçanın (gelecekteki bir ürünün üretimi için gerekli olan) önceden depolanmadığı bir organizasyon sistemini destekleyen bir üretim yönetimi yöntemidir. Bunun yerine, her bir parça tasarım yerine, doğru yerde ve doğru zamanda ulaşır, böylece hemen kullanılabilirler. Kanban yöntemiyle özellikle iyi bir şekilde birleşen bu teknik, üretim yalnızca talep olduğunda başladığı için kullanıcıların stokları azaltmasına olanak tanır.

- **5 sıfır** Toyota tarafından geliştirilen bir kalite yönetimi konseptidir. Bir üretim hattında toplam kaliteyi savunur (sıfır zaman, sıfır kağıt, sıfır stok, sıfır arıza ve sıfır hata).

TAVSİYELER

- Bu devam eden bir süreç olduğundan, ilk değişiklikler yapıldıktan sonra durulmaması, yerleşik prosedürlerin sürekli sorgulanması tavsiye edilir.

- Sürekli iyileştirme projelerine tüm çalışanların katılması gerektiğinden, yönetim çalışanların motive olmasını sağlamalıdır. Bu özellikle şirketin kültürüne bağlıdır, bu nedenle çalışanlar hem bölüm yöneticileri hem de İK departmanı tarafından yakından izlenmelidir.

- Yöneticiler ve proje ekipleri herkesin katılımını ve motivasyonunu sağlamak zorunda olduklarından, Kaizen, ekip yönetimi, grup tartışması yönetimi ve kalite çemberlerinin yürütülmesi konularında eğitim almalıdırlar.

- Net ve ulaşılabilir hedefler belirlemek önemli olduğundan, değişimden önce ve sonra bunları dikkatlice ölçmek hayati önem taşımaktadır.

- Amaç sonuçları en üst düzeye çıkarmak olduğundan, herkesin kendi uzmanlığını paylaşarak tartışmaları zenginleştirmesi için farklı becerilere sahip çalışanları dahil etmek faydalı olabilir.

ÖRNEK OLAY İNCELEMESİ: TOKYO DELİGHT

Çalışmamız, şehir merkezinde kurulu bir Japon restoranı olan The Tokyo Delight'a odaklanmaktadır. Huzurlu bir Japon atmosferine sahip olan bu restoran küçük bir aile işletmesi olup, içeride veya dışarıda yemek servisi yapmaktadır. Restoran birkaç yıldır açık ve önemli mali sorunlar yaşamıyor, ancak özellikle mutfakta tekrar eden bazı zorluklar yaşıyor. Bazı asistanlar işlerinden tam olarak memnun değiller ve diğerlerinin yanı sıra oradaki kötü atmosferden şikayetçiler. Yöneticiler tüm restoranların bu tür sorunlardan muzdarip olduğuna inandığından, bu sorunu çözmek için henüz hiçbir adım atılmamıştır. Birkaç yıl içinde restoranı devralmayı hedefleyen müdürün oğlu, sorunların üstesinden gelmek ve işletmenin işleyişini mümkün olan en kısa sürede iyileştirmek istiyor.

Kaizen, genel olarak iyi işleyen bir aile şirketinde var olan bazı küçük sorunların düzeltilmesini içerdiği için bu duruma mükemmel bir şekilde uygundur.

1. Aşama: Tokyo Delight'ın ön analizi

Kuruluşun karşılaştığı sorunlara bakarak başlayacağız. Ishikawa diyagramı sayesinde yöneticiler sorunların nedenlerini tespit edebilmekte ve bunları kategorize edebilmektedir.

Ana sorunlar belirlendikten sonra Kaizen projesi başlatılabilir. Yöneticiler, müşteri memnuniyeti üzerinde etkisi olan çalışan memnuniyetini artırmak amacıyla mümkün olduğunca çok sayıda sorunu çözmeyi ummaktadır. Örneğin, (Ishikawa diyagramının çizilmesi sırasında tespit edilen) alan yetersizliği mutfakta sıkışıklığa neden olmakta, bu da müşterilerin daha uzun süre beklemesine yol açmaktadır. Garson ekibi, müşterileri beklerken zamana oynamak zorunda kalmakta ve bu da genel gerilimi düzenli olarak artırmaktadır.

İkinci adım, daha sonra verileri karşılaştırabilmek için mevcut sorunları niceliksel ve niteliksel olarak ölçmektir. Burada her şey ele alınmaz, örneğin tıkanmış lavabo sorunu ölçülemez.

Son olarak, Kaizen projesi için bir operasyonel plan oluşturulur. Burada bir hafta ile sınırlıdır:

- **1. Gün:** Ön analiz, menü tedarik ve hazırlık sürelerinin hesaplanması, müşterilerden ve çalışanlardan memnuniyet anketleri.

- **2. Gün:** Kalite çemberinin kurulması, iyileştirmeye yönelik ana fikirlerin belirlenmesi için beyin fırtınası yapılması.

- **3. Gün:** İyileştirmelerin uygulanması ve ön sonuçların hesaplanması.

- **4. Gün:** İyileştirmelerin uygulanması ve sonuçların hesaplanması.

- **5. Gün:** İyileştirmelerin uygulanmasının sona ermesi ve nihai sonuçların hesaplanması. Bilgilendirme, en iyi çalışanın ödüllendirilmesi ve geri bildirim.

2. Aşama: Çalışma ekiplerinin ve kalite çemberlerinin seçilmesi

İkinci aşama, çalışma ekiplerinin seçilmesini içerir. Normalde, restoranda sadece mutfakta genellikle meşgul olan iki müdür, iki mutfak yardımcısı ve yemek odasında iki garson bulunur. Bu arada, müdürün oğlu kasayla, siparişlerle ve paket servislerle ilgilenir. Herkes işin içinde olduğu için bir araya gelerek tek bir kalite çemberi oluştururlar. Projeyi başlatan hırslı genç adam, projenin iyi ilerlemesi için kendini Kaizen tekniği konusunda eğitir.

Yoğun bir beyin fırtınası seansından sonra ekip nihayet durumu iyileştirmek için bir dizi önlem bulmayı başarır.

Ne yazık ki tüm sorunlar çözülmez; ancak bir sonraki Kaizen projesine ertelenir. Aşağıda Ishikawa diyagramındaki kategorilere göre sıralanmış önerilen çözümlerin listesi yer almaktadır.

Aşama 3: Sonuçların uygulanması ve hesaplanması

Üçüncü aşama projenin özünü oluşturur. İyileştirmeler belirlendikten sonra geriye kalan tek şey bunları uygulamaktır. Bunlar büyük yenilikler değil, küçük artımlı değişiklikler olduğundan, üç günlük uygulama fazlasıyla yeterli olacaktır.

Daha sonra sıra sonuçları hesaplamaya gelir. Veri toplama birkaç gün sürebilir. Süreci basitleştirmek için, elde edilen sonuçların bir özeti bu bölümde sunulmuştur.

Aşama 4: Bilgilendirme ve geri bildirim

Son olarak, The Tokyo Delight Kaizen projesinin dördüncü ve son aşamasına başlayabilir: bilgilendirme aşaması. Sonuçlar çalışan memnuniyetinin %30 oranında arttığını göstermektedir. Bu, Kaizen yaklaşımının ana hedeflerinden biridir. Restoran sahipleri bazı iyileştirme alanlarını bir kenara bırakmak zorunda kalmıştır, ancak bunlar daha sonra başka bir projede ele alınacaktır. Bu restoranın hizmetlerini sürekli olarak iyileştirmek için yakında yeni bir iyileştirme döngüsü başlatması umulmaktadır.

Ancak bu örnekte, değişim döngüsü ve iyileştirme kapsamı nispeten küçük olduğundan, çalışanlara rehberlik ve destek sağlamaya gerek olmadığını unutmayın. Ancak yine de her birini tebrik etmek ve katılımları için ekibe teşekkür etmek önemlidir. Daha önce de belirtildiği gibi, ortaya çıkan motivasyon gelecekteki Kaizen döngülerinin başarısı için gereklidir.

Sonuç

Gördüğümüz gibi Kaizen, seçtiğimiz örnek gibi çok basit bir örneğe uygulanabilir.

Bu yöntem çoğu işletmede

kullanılabilse de, şirket kültürünün bir Kaizen projesinin başarısına büyük ölçüde katkıda bulunduğunu unutmamalıyız.

Karşılaşılan sorunlar oldukça genel ve tek bir genel çalışan memnuniyeti sorunu olarak özetlenebilecekken, Ishikawa diyagramı sorunun farklı unsurlarının belirlenmesine olanak sağlamıştır. Nedenleri vurgulayarak ve her şeyden önce bunları net bir şekilde sunarak bu adım, üzerinde çalışmak için sağlam bir temel sağlamıştır. Buna bir de projenin sorunsuz bir şekilde ilerleyebilmesi için proje boyunca aşamaların izlenmesi ihtiyacı eklenmiştir. İlk Kaizen projesinden sonra iyileştirmeye yönelik bazı noktalar hala ele alınmamışsa, sonraki bir Kaizen sırasında uygun çözümler bulmak mümkün olacaktır. Örneğin, The Tokyo Delight'ta mutfak alanının yetersiz olması durumunda, çalışanların birbirlerinin yoluna çıkmasını önlemek için herkesin alanını yeniden düzenlemek iyi bir fikir olabilir. Önemli olan, iyileştirmenin sürekli olması gerektiğini akılda tutmaktır.

SINIRLAMALAR VE GENİŞLETMELER

SINIRLAMALAR VE ELEŞTİRİLER

Kaizen yadsınamaz avantajlara sahip olmakla birlikte çeşitli eleştirilere de konu olmuştur. İnovasyondan ziyade iyileştirmeyi teşvik eden bu yaklaşıma yöneltilen başlıca eleştiri, tüm sorunları çözmemesidir: daha önce yapılmış ve değiştirilmiş olanları başlangıç noktası olarak alarak bir ürünü sürekli geliştirmek, her şeyin düzeltilmesine izin vermez. Bazen, sağlam bir temelden çalışmak için sıfırdan başlamak ve tüm süreci yeniden tasarlamak gerekir.

Bu yaklaşıma yönelik diğer eleştiriler arasında şunlar yer almaktadır:

- Kaizen sorunsuz iyileştirmelere olanak tanırken, 'fazla sorunsuz' değişikliklere karşı dikkatli olmak önemlidir. Eğer bir şirket sunduğu ürün ve hizmetler açısından rakiplerinin gerisinde kalıyorsa, küçük ve sürekli iyileştirmeler pazar paylarını hızla geri kazanmak için yeterli olmayacaktır. Örneğin bir rakip yeni ve devrim niteliğinde bir ürün piyasaya sürerse, Kaizen'i gerçekte modası geçmiş ürünlere uygulayarak onları yeniden rekabetçi hale getirmek zor olabilir.

- Bu yaklaşım güçlü bir motivasyon ve dolayısıyla ilgili herkesin tam katılımını gerektirir. Japonya'da şirket kültürü kavramı bu konuda çok daha gelişmiştir ve çalışanlar ile yönetim arasındaki ilişki katı ve resmidir. Çalışanların katılımı kendiliğinden gerçekleşir, bu yüzden bu kavram orada başarılıdır. Bu ilke Batı'da her zaman uygulanabilir değildir. Eğer kullanılıyorsa, Kaizen projesinin başarısını sağlamak için bir ödül ve teşvik programı gerekli olabilir.

- Son olarak, Kaizen adil olmayan bir şekilde uygulandığı takdirde etik açıdan sorgulanabilir. Kaizen'in bir işletmede uygulanması, bir üretim zincirinin iyileştirilmesi, üretkenliğin ve rekabet gücünün artırılması yoluyla, şirket içi yeniden yapılanmaya (çalışanların işten çıkarılması vb.) yol açabilir. Bu, Kaizen'in faydalarının adaletsiz bir şekilde paylaşılmasıdır. Mantıksal olarak, bir şirket daha müreffeh hale gelirse, daha iyi iş güvencesi sağlamalıdır. Ancak uygulamada genellikle bunun tersi gerçekleşir: işe yaramaz hale gelen pozisyonlar kaldırılır, bu da çalışanların işten çıkarılmasına veya becerilerine daha uygun yeni pozisyonlara atanmalarına yol açar.

İLGİLİ MODELLER VE UZANTILAR

Kaizen genellikle iki Japon modeliyle karşılaştırılır: Radikal değişiklikler için inovasyona dayalı bir araç olan Kaikaku ve Kaizen'e dayalı hızlı bir uygulama aracı olan Hoshin. Daha geniş anlamda Kaizen, iki tür iş organizasyonu olan Taylorizm ve Fordizm ile birlikte de tartışılabilir.

Kaikaku konsepti

Kaizen gibi Japonya'da ortaya çıkan Kaikaku yöntemi de kalite iyileştirme için kullanılmaktadır. Genellikle bir süreçte (genellikle etkinliği artırmak için üretimde) 'radikal değişiklik' olarak çevrilen adı, artık sürekli iyileştirme arzusunu değil, derin yenilik arzusunu yansıtmaktadır. Her ne kadar iki felsefe birbirine benzese de (her ikisi de iyileştirmeye dayanmaktadır), Kaikaku sürekli bir yöntem değildir çünkü değişiklikler belirli bir projenin parçası olarak ve belirli bir hedef göz önünde bulundurularak yapılır ve tamamlanır.

Hoshin yaklaşımı

'Yön yönetimi' anlamına gelen Hoshin süreci Kaizen'e nispeten benzer, aradaki fark ise zaman sınırlı olmasıdır. Blitz Kaizen ('yıldırım Kaizen') olarak da adlandırılan Hoshin, çok hızlı bir şekilde uygulanan çok özel stratejik değişikliklere dayanır. Çoğu durumda amaç, önemli bir rekabete sınırlı bir zaman dilimi içinde yanıt vermektir. Bu sistem Kaizen'den özellikle de artık yetkilendirilmiş çalışanlardan oluşan gruplar içinde değil, yönetim düzeyinde gerçekleştirilen karar alma süreci açısından farklılık gösterir.

Taylorizm

Taylorizm, Amerika Birleşik Devletleri kökenli, işçilerin yöntem ve hareketlerinin incelendiği ve bunların optimize edilmesi amacıyla hassas bir şekilde ölçüldüğü bilimsel bir çalışma organizasyonudur. İlk olarak

[19.] yüzyılın sonlarında, Kaizen'in kavramsallaştırılmasından çok önce Frederick Winslow Taylor tarafından geliştirilen sistem, üretkenliğin optimizasyonu ve çalışanların çalışma koşullarının iyileştirilmesi yoluyla kazanımları artırmayı amaçlamaktadır. Pratikte bu, her bir çalışanın basit, standartlaştırılmış ve tekrar eden görevler üzerinde çalışması anlamına gelmektedir.

Fordizm

Adını Amerikalı sanayici Henry Ford'dan (1843-1947) alan bu iş organizasyonu sistemi, Taylorizm'in varsayımlarına dayanmaktadır ve 1905 yılında açıldığında Ford fabrikasında uygulanmıştır. Günümüzde neredeyse terk edilmiş olan bu sistem, o zamanlar standartlaştırılmış ürünlerin (ünlü Ford Model T gibi) seri üretimini amaçlıyordu ve bu da hat çalışması ve dolayısıyla daha yüksek verimlilikle sonuçlanıyordu. Ford çalışanları için çalışma koşulları her zaman zordu ve iyileştirilmesi zordu; sadece ücretler bir motivasyon kaynağı olarak hizmet edebilirdi.

ÖZET

- Kaizen, Toyota Üretim Sisteminin babası olarak kabul edilen Japon mühendis Taiichi Ohno tarafından ortaya atılan sürekli bir iyileştirme sürecidir. Bu felsefe kalite yönetimini, atıkların azaltılmasını ve üretimde iyileştirmeler yapılmasını savunur.

- Kaizen yöntemi şirketlerin çoğuna uygulanabilir ve nispeten kısa bir süre içinde ve sınırlı bir bütçeyle hızlı ve asgari düzeyde iyileştirmeler yapılmasına olanak tanır.

- Başarılı bir Kaizen projesi için en önemli koşullardan biri tüm çalışanların motivasyonu ve projeye katılımıdır. Doğrudan işin içinde olan çalışanlar, Kaizen projesinin ve uygun çözüm arayışlarının ana katılımcıları olmalıdır.

- Sürecin iş dünyasındaki uygulamaları aşağıdaki konuları kapsamaktadır:

  ○ kalite geliştirme;

  ○ atıkların ortadan kaldırılması;

  ○ üretim ve bakım maliyetlerinde azalma;

  ○ üretim artışı;

  ○ iyileştirilmiş çalışma koşulları.

- Kaizen, kullanıcıların sınırlı ve yumuşak değişiklikler uygulamasına olanak tanır, bu da çalışanların hissettiği baskıyı azaltır. Diğer avantajlar arasında iyileştirmelerin uygulanma ve sonuçların elde edilme hızı yer alır. Kaizen ayrıca uzun ve bazen belirsiz yenilikler otomatik olarak ortadan kaldırıldığı için ekip motivasyonunun korunmasına ve mümkün olduğunca çok riskten (finansal ve teknik) kaçınılmasına yardımcı olur. Son olarak, başarılı bir Kaizen projesi, finansal yatırımlardan çok çalışanların aktif katılımına ve olumlu zihniyetine dayanır.

- Yaklaşımı eleştirenler, değişikliklerde yenilik eksikliğini, güçlü bir şirket kültürüne duyulan ihtiyacı ve Kaizen'den elde edilen kazanımların bazen adaletsiz dağılımını (sosyal boyut) vurgulamaktadır.

- 'Radikal değişim' anlamına gelen Kaikaku, Kaizen'in tam tersi bir yaklaşımı benimseyen bir kavramdır. Küçük iyileştirmelerden ziyade derin yeniliklere odaklanır.

- Son olarak, Kaizen çalışmak için başka araçlara ihtiyaç duyan bir yaklaşımdır. Genellikle Toyota Üretim Sisteminden türetilen bu araçlar, kalite yönetimi, tam zamanında lojistik, çalışma alanlarının yeniden düzenlenmesi veya makinelerin bakımı düzeyinde faaliyet gösterir.

DAHA FAZLA OKUMA

KAYNAKÇA

Agence Nationale pour la Promotion de l'Innovation et de la Recherche au Luxembourg (2008) *Diagramme d'Ishikawa = diagramme cause-effet.* [Çevrimiçi]. [Erişim tarihi: 15 Şubat 2017]. Erişim adresi: < http://www.innovation.public.lu/fr/innover/gestion-innovation/resolution-probleme/diagrammeishikawa-fr.pdf>

Chaoui, K. (2004) *Le concept-clé du zéro défaut en qualité.* Annaba: Badji Mokhtar Üniversitesi.

Charraud, P. (2009) *Le Kaizen du service pièces en concession.* Paris: Télécom ParisTech.

Granger, R. (2016) Les 5S: Seiri, Seiton, Seiso, Seiketsu, Shitsuke. *Yönetici GO!* [Çevrimiçi]. [Erişim tarihi: 25 Mayıs 2015]. Erişim adresi: < http://www.manager-go.com/management-de-la-qualite/methode-5s.htm>

HenryFord.fr (Tarih yok) *Toyotisme.* [Çevrimiçi]. [Erişim tarihi: 25 Mayıs 2015]. Şu adresten erişilebilir: < http://www.henryford.fr/fordisme/toyotisme/>

Hohmann, C. (Tarih yok) Kaizen amélioration continue. *Christian Hohmann.* [Çevrimiçi]. [Erişim tarihi: 25 Mayıs 2015]. Erişim adresi: < http://christian.hohmann.free.fr/index.php/lean-entreprise/lean-management/289-kaizen-amelioration-continue>

Hohmann, C. (Tarih yok) La méthode SMED. *Christian Hohmann.* [Çevrimiçi]. [Erişim tarihi: 25 Mayıs 2015]. Erişim adresi: < http://chohmann.free.fr/lean/smed_fr.htm>

Ishikawa, K. (1984) *La gestion de la qualité*. Paris: Dunod.

Kamata, S. (2008) *Toyota, l'usine du désespoir*. Paris: Demopolis.

Liker, J. (2012) *Le modèle Toyota*. Paris: Pearson Education.

Ohno, T. (1990) *L'esprit Toyota*. Paris: Masson.

Ohno, T. ve Mito, S. (1992) *Présent et avenir du Toyotisme*. Paris: Masson.

Porter, L. J. ve Parker, A. J. (2006) *Toplam Kalite Yönetimi. Kritik Başarı Faktörleri*. Bradford: Bradford Üniversitesi Yönetim Merkezi.

Processus Qualité (Tarih yok) *L'approche Kaizen*. [Çevrimiçi]. [Erişim tarihi: 25 Mayıs 2015]. Erişim adresi: < https://processusqualite.wordpress.com/lapproche-kaizen/>

Régol, O. ve Bélanger, R. P. (2003) *Le Kaizen : ses principes et ses conséquences pour les ouvriers et syndicats*. Montreal: Les cahiers du CRISES.

VIDEOLAR

Yalın = Kaizen + Saygı. (2012) [Video]. Michael Ballé. Institut Lean France. Erişim adresi: < https://www.youtube.com/watch?v=OfswK6ebrt8>

Yalın Hizmetler : kökenleri ve faydaları. (2013) [Video]. Marie-Pia Ignace. Institut Lean France. Şu adresten erişilebilir: < https://www.youtube.com/watch?v=aRQI9JAI-I4>

Sizden haber almak istiyoruz!
Çevrimiçi kütüphaneniz hakkında yorum bırakın
ve favori kitaplarınızı sosyal medyada paylaşın!

Ana ISBN : 9782808600675

Kağıt ISBN : 9782808602129

Yasal depozito: D/2022/12603/213

Dijital tasarım: Primento, yayıncıların dijital ortağı.